Come far prosperare l'azienda durante la recessione.

COME FAR PROSPERARE L'AZIENDA DURANTE LA RECESSIONE

A cura di: D.K. Hawkins
Versione 1.1 ~Ottobre 2022
Pubblicato da D.K. Hawkins su KDP
Copyright ©2022 di D.K. Hawkins. Tutti i diritti riservati.

Nessuna parte di questa pubblicazione può essere riprodotta, distribuita o trasmessa in qualsiasi forma o con qualsiasi mezzo, compresi fotocopie, registrazioni o altri metodi elettronici o meccanici o qualsiasi sistema di archiviazione o recupero di informazioni, senza il previo consenso scritto degli editori, tranne nel caso di brevissime citazioni contenute in recensioni critiche e di alcuni altri usi non commerciali consentiti dalla legge sul copyright.

Tutti i diritti sono riservati, compreso il diritto di riproduzione totale o parziale in qualsiasi forma.

Tutte le informazioni contenute in questo libro sono state accuratamente ricercate e controllate per verificarne l'accuratezza. Tuttavia, l'autore e l'editore non garantiscono, in modo esplicito o implicito, che le informazioni contenute nel presente documento siano adatte a ogni individuo, situazione o scopo e non si assumono alcuna responsabilità per errori od omissioni.

Il lettore si assume il rischio e la piena responsabilità di tutte le azioni. L'autore non sarà ritenuto responsabile di eventuali perdite o danni, conseguenti, accidentali, speciali o di altro tipo, che possano derivare dalle informazioni presentate in questo libro.

Tutte le immagini sono libere di essere utilizzate o acquistate da siti di foto stock o royalty-free per uso commerciale. Per la stesura di questo libro mi sono basato sulle mie osservazioni e su molte fonti diverse; ho fatto del mio meglio per verificare i fatti e dare credito a chi di dovere. Nel caso in cui venga utilizzato del materiale senza il dovuto permesso, vi prego di contattarmi in modo da correggere la svista.

Le informazioni fornite in questo libro hanno uno scopo puramente informativo e non sono da considerarsi una fonte di consulenza o di analisi del credito in relazione al materiale presentato. Le informazioni e/o i documenti contenuti in questo libro non costituiscono una consulenza legale o finanziaria e non dovrebbero mai essere utilizzati senza aver prima consultato un professionista della finanza per determinare cosa sia meglio per le vostre esigenze individuali.

L'editore e l'autore non forniscono alcuna garanzia o altra promessa in merito ai risultati che possono essere ottenuti utilizzando il contenuto di questo libro. Non dovreste mai prendere alcuna decisione di investimento senza aver prima consultato il vostro consulente finanziario e aver condotto le vostre ricerche e la vostra due diligence. Nella misura massima consentita dalla legge, l'editore e l'autore declinano ogni responsabilità nel caso in cui le informazioni, i commenti, le analisi, le opinioni, i consigli e/o le raccomandazioni contenuti in questo libro si rivelino inesatti, incompleti o inaffidabili o comportino perdite di investimento o di altro tipo.

Il contenuto di questo libro, o quello reso disponibile, non è inteso e non costituisce consulenza legale o di investimento, e non si instaura alcun rapporto avvocato-cliente. L'editore e l'autore forniscono questo libro e i suoi contenuti "così come sono". L'uso delle informazioni contenute in questo libro è a vostro rischio e pericolo.

Indice dei contenuti.

Indice dei contenuti..3

Introduzione..5

Capitolo 1: Come mantenere un'attività solida durante la recessione..9

Capitolo 2: Definire la vostra proposta di valore durante la recessione..17

Capitolo 3: Metodi comprovati per prosperare in un periodo di recessione..23

Capitolo 4: Strategie per aiutare la vostra azienda a superare la tempesta della recessione......................32

Capitolo 5: Modi per cambiare il momento..............46

Capitolo 6: Ridurre i costi e aumentare i profitti durante la recessione spostando la vostra attività online..53

Capitolo 7: Assumere il controllo della propria attività in tempi incerti...58

Capitolo 8: Come la pubblicità può aumentare i profitti durante la recessione..................................68

Capitolo 9: Come aumentare il reddito con il network marketing anche durante la recessione....................74

Capitolo 10: Utilizzate i teleseminari per mettere la vostra azienda al riparo dalla recessione................78

Capitolo 11: Strategie di marketing da attuare in un periodo di recessione..81

Capitolo 12: Trasformare le passività in attività.....92

Capitolo 13: Linee guida di vendita contrarie durante la recessione..96

Capitolo 14: Come il marketing basato sulla localizzazione può aiutare la vostra azienda a sopravvivere alla recessione....................................100

Capitolo 15: Valutare la strategia di marketing durante la recessione..103

Capitolo 16: Migliorare il valore del proprio lavoro durante la recessione..106

Capitolo 17: Utilizzate la forza dei servizi SEO........109

Capitolo 18: Alternative ai tagli e al ritiro durante la recessione in corso..113

Conclusione..119

Introduzione.

In un periodo di recessione, il titolare di un'azienda deve essere vigile. Sarebbe meglio se teneste d'occhio segnali come il ridimensionamento delle aziende, l'aumento della disoccupazione, l'incremento dei pignoramenti di case e il calo dei valori immobiliari.

Nello stesso momento, si sentono notizie di crolli del mercato azionario e di grandi istituzioni finanziarie e assicurative. Tutti questi fattori contribuiscono alla crisi finanziaria.

Contrariamente a quanto i media vorrebbero farci credere, la nostra massa monetaria non è esaurita e la maggior parte delle persone non sta soffrendo finanziariamente. Molti possono vedere la recessione come un momento di tristezza economica che lascia loro poche o nessuna opportunità di migliorare la propria condizione finanziaria.

Affrontano queste circostanze con pessimismo e disperazione.

Nonostante il pessimismo diffuso, altri la vedono ancora come un momento ragionevole. Per gli ottimisti, una recessione significa che gli immobili e la maggior parte delle cose fisiche sono venduti a prezzi stracciati. Il momento di acquistare è adesso, finché i prezzi sono ancora bassi. Quando l'economia si riprenderà, il valore di questi beni aumenterà, consentendo agli investitori di rivenderli per ottenere guadagni sostanziali.

È fondamentale che gli imprenditori abbiano una conoscenza fondamentale dell'economia. Devono capire che il nostro denaro non è veramente scomparso, ma è stato accuratamente spostato da individui che hanno speso troppo durante i periodi di congiuntura favorevole a commercianti esperti che prosperano in questi tempi difficili.

Per comprendere meglio il movimento dei fondi, potremmo definire un tipo di consumatore come "persone reattive". Questi individui hanno speso liberamente il loro denaro quando l'economia era sana. Ora si trovano in uno stato di disperazione finanziaria e si aspettano solo un miglioramento. Di conseguenza, sono propensi a rinunciare alle occasioni di investimento in questi tempi difficili. Non sono consapevoli delle cause della crisi finanziaria.

Il secondo gruppo è composto da individui proattivi. Questi esperti di marketing anticipano le opportunità, le riconoscono e le colgono senza esitazione. I proprietari di imprese a domicilio imparano a vendere e promuovere in modo efficiente le loro aziende su Internet, consentendo loro di ottenere un reddito sostanziale anche durante le fasi di crisi economica.

Se siete titolari di un'impresa e giocate bene le vostre carte, la recessione non deve necessariamente rappresentare un momento di difficoltà finanziaria per voi. Anche voi potete diventare proattivi seguendo alcuni semplici passi: Concentrarsi sull'abbondanza anziché sulla mancanza.

Utilizzate il marketing a risposta diretta quando le persone sono alla ricerca di opportunità. Imparate a promuovere i vostri servizi o prodotti in modo efficace e attirerete clienti che cercano un valore per il loro denaro. Quando è possibile, approfittate dei risparmi pubblicitari.

Non solo le tecniche di marketing sono essenziali per un'impresa domestica modesta, ma anche la comprensione delle cause delle crisi finanziarie. Una costante conoscenza dell'economia può aiutarvi a prendere le decisioni aziendali più redditizie.

Capitolo 1: Come mantenere un'attività solida durante la recessione.

Che si tratti di un'azienda grande o piccola, è evidente che le recessioni possono essere stressanti. Ma possono anche essere un'opportunità d'oro per voi, in quanto imprenditori, per valutare e rafforzare la vostra azienda.

Per prima cosa, comunicare.

Sebbene sia necessario sforzarsi costantemente di avere una buona comunicazione all'interno della propria organizzazione, è essenziale comunicare in modo efficace nelle circostanze difficili. Dovete comunicare in modo efficace con il personale, i manager, i dirigenti e gli altri imprenditori.

Dovrete assicurarvi che tutti siano sulla stessa lunghezza d'onda, soprattutto se è necessario intraprendere immediatamente un'azione drammatica. Dovete tenere il vostro personale al corrente di ciò che accade all'interno dell'organizzazione. Se le cose vanno male, informateli. Di conseguenza, se si interviene, non saranno del tutto sorpresi.

Se dovete licenziare dei dipendenti, fatelo solo una volta.

Questo è forse uno dei compiti più impegnativi per qualsiasi imprenditore o amministratore delegato, ma se dovete licenziare qualcuno, fatelo solo una volta. L'aspetto più triste di dover licenziare un dipendente durante una recessione è che potrebbe essere un lavoratore eccezionale, ma semplicemente non potete permettervelo.

Se dovete licenziare qualcuno, assicuratevi di farlo abbastanza la prima volta, in modo da non dover ripetere il processo una seconda o una terza volta. I dipendenti rimasti capiranno se lo fate una volta, ma perderanno la fiducia in voi e nell'azienda se lo fate più volte. Invece di essere membri produttivi del team, passeranno l'intera giornata a preoccuparsi di perdere il posto di lavoro.

Ripasso delle nozioni di base.

Osservate attentamente la vostra attività. Qual è la vostra competenza principale? Vi state allontanando da essa? Quando i tempi sono difficili, dovete concentrarvi su ciò che sapete fare meglio. Inoltre, è ora di tornare ai fondamenti del servizio clienti.

Dovete assicurarvi di convertire i contatti che ricevete, perché probabilmente non ne riceverete più come prima. Dovete anche assicurarvi di non perdere i consumatori attuali. I clienti sono essenziali per la vostra sopravvivenza, quindi dovete fare tutto il possibile per conservare la loro attività.

Aumentare il morale del personale.

I bonus potrebbero non essere un'opzione. Indipendentemente dal fatto che abbiate dovuto attuare o meno dei licenziamenti, il vostro personale sarà probabilmente al corrente dello stato dell'azienda. Pertanto, se le cose non vanno come stanno andando, probabilmente ne saranno informati. Di conseguenza, dovete scoprire metodi alternativi per aumentare il morale dei dipendenti e mantenere la motivazione.

Un commento o un piccolo apprezzamento per un lavoro ben fatto fa molta presa sui dipendenti. Può significare molto per i dipendenti ricevere un elogio dal proprio supervisore, soprattutto per aver svolto bene i propri compiti quotidiani.

Questa può essere anche un'occasione per conoscere meglio il vostro personale. Si può invitare un gruppo a casa propria per una cena, oppure si può fare una chiacchierata significativa con chiunque su ciò che sta accadendo nella sua vita.

Conoscere meglio i vostri collaboratori può anche darvi l'opportunità di fare loro un piccolo ma significativo regalo. Potete mettere in pratica altri accorgimenti per aumentare il morale della vostra azienda.

Preparatevi per il ritorno.

In un periodo di recessione, questa può essere una delle cose più importanti da fare per la vostra azienda. Anche se siete in modalità di sopravvivenza, dovete continuare a pensare e a pianificare il futuro. Alla fine l'economia si riprenderà e quando succederà dovrete essere pronti a capitalizzare la situazione.

Dovete iniziare a vedere e immaginare come sarà il panorama del vostro settore quando la recessione finirà. Ci sarà la stessa quantità di concorrenti? Meno? O forse di più? Queste considerazioni dovrebbero essere fatte; se lo fate, sarete ben posizionati per capitalizzare la ripresa.

Cura dei clienti esistenti.

Il momento attuale non è il momento di farsi prendere dal panico e di rimanere indietro nella soddisfazione dei clienti. Mantenete uno stretto contatto con tutti i vostri clienti e prestate particolare attenzione a quelli più importanti. Dovete sempre dimostrare ai vostri clienti che continuerete a essere preziosi per loro anche nell'attuale clima economico.

Ridurre i costi.

Prendete il tempo necessario per esaminare il vostro budget e individuare eventuali spese eccessive. È possibile apportare modifiche al bilancio per ridurre i costi? Se vi servite di fornitori, contattateli per chiedere una riduzione dei prezzi e se ricevete servizi da altre aziende, contattatele per chiedere una riduzione dei costi. Questo è prevedibile in un periodo di recessione. Pertanto, non abbiate paura di ridurre le spese in ogni modo possibile.

Sgombero.

Questo è il momento ideale per organizzare le finanze e lo spazio fisico dell'azienda, organizzare i file, occuparsi delle pratiche in ritardo e riordinare l'ufficio. È possibile che scopriate alcuni contatti dimenticati che potreste chiamare. Una volta fatto questo, sarà più semplice fare un passo indietro e usare una certa prospettiva per capire meglio dove siete e dove siete diretti.

Utilizzare Internet.

Internet è uno strumento molto efficace. Può essere una risorsa ancora più preziosa in un periodo di recessione, perché ci sono così tante opzioni di marketing gratuite online. Se non siete esperti di computer come gli altri o semplicemente vi manca il tempo, potete scegliere di affidarvi a un'azienda di marketing su Internet che vi assista.

Monitoraggio dei pagamenti.

In tempi come questi, prestate particolare attenzione alle transazioni di credito e agli assegni. Tutti vorremmo credere che tutti i nostri clienti effettuino pagamenti puntuali, ma potrebbero non essere nemmeno consapevoli del loro basso saldo del conto corrente. Per evitare perdite di denaro e di tempo, è essenziale tenere sotto controllo i clienti e i contanti.

Promuovete le vostre sedi principali.

Non commercializzate o promuovete il vostro prodotto o servizio meno venduto più del necessario. Promuovete attivamente i vostri servizi più venduti e più redditizi durante la recessione. Poi, se il cliente è interessato, potete offrirgli tutti gli altri servizi che offrite.

Capitolo 2: Definire la vostra proposta di valore durante la recessione.

Cosa rispondereste se qualcuno vi chiedesse: "Perché dovrei scegliere voi come partner commerciale principale?". Questa frase di trenta secondi potrebbe fare la differenza tra l'instaurare un rapporto con un nuovo cliente e il perdere un'altra opportunità di vendita. Dovete conoscere a fondo la vostra proposta di vendita unica.

Potete dire che la vostra proposta di valore è un eccellente servizio clienti, che i vostri prezzi sono i più competitivi, o anche che affermate di essere i migliori del settore e di fornire un servizio superiore.

Chi lo dice?

Queste affermazioni non definiscono la vostra identità né dovrebbero essere utilizzate per commercializzare il vostro vantaggio competitivo.

Perché? Perché sono affermazioni suscettibili di controargomentazioni. I vostri rivali possono replicarle; senza prove a sostegno delle vostre affermazioni, saranno viste come promesse esagerate e prive di significato.

Ciò che vi differenzia deve fornire al cliente un valore migliore di quello che sta pagando in termini di prodotto, servizio o entrambi. Ci si differenzia offrendo un valore eccezionale per il prezzo, attirando sia i clienti esistenti che quelli nuovi.

Se i vostri concorrenti fanno meglio, i vostri clienti si rivolgeranno altrove, a meno che non siano veramente fedeli e indifferenti al prezzo e al valore. Nell'attuale crisi economica, è così semplice.

Come vi distinguete dalla concorrenza?

Quale proposta di valore unica potete offrire che nessun altro può offrire?

I vostri concorrenti possono replicarla?

Offrite un vantaggio specifico o vi limitate a dare per scontato che sia così?

State offrendo una proposta con un valore a lungo termine o una proposta che fornisce una soluzione rapida?

Esaminiamo come distinguersi dalla concorrenza:

1. Fate i conti. Il vostro servizio o prodotto costerà di più ai vostri clienti durante l'attuale crisi economica, pur mantenendo lo stesso livello di valore?

In questo caso, potete fare la storia. I clienti sono alla ricerca di modi per risparmiare, quindi se potete fornire loro un risparmio reale o percepito, probabilmente vi vorranno al loro fianco mentre affrontano la recessione. In caso contrario, cercheranno una concorrenza alternativa che possa salvare il loro budget e la loro attività.

2. Considerate come il vostro prodotto o servizio si inserisce nel mondo del cliente. Il valore del vostro prodotto o servizio è importante per il cliente? Il modo più semplice per distinguersi è fornire qualcosa che gli altri suggeriranno e discuteranno.

Se è importante per il vostro cliente e i suoi colleghi vi hanno suggerito, potrebbe non avere problemi a pagare un po' di più. Incoraggiate i vostri clienti affezionati a spargere la voce su ciò che vi distingue. I rinvii da parte dei clienti già acquisiti produrranno, in ultima analisi, i tassi di conversione più elevati.

3. Non trascurate le relazioni umane. Come ho ripetuto più volte, le persone effettuano transazioni commerciali con altre persone, non con aziende o istituzioni. L'implementazione di un solido programma di CRM con i vostri clienti è una delle strategie più efficaci per gestire e promuovere la vostra proposta di valore. Nonostante l'importanza dei risparmi sui costi, i clienti vogliono sapere su chi

possono fare affidamento durante una recessione, nella buona e nella cattiva sorte.

4. Adattatevi alla realtà del vostro cliente, non il contrario. I vostri clienti non devono adeguarsi al vostro modello di business, ma voi dovete adeguarvi al loro. Dovete conoscere e comprendere come il vostro cliente percepisce le sue operazioni quotidiane e quali sono, secondo lui, le risposte per sopravvivere e persino prosperare durante la crisi economica.

Quali sono i suoi ostacoli professionali?

Cosa desiderano, necessitano e prevedono i suoi utenti finali?

Non date per scontato che solo perché avete un'ottima proposta di valore, la transazione sia conclusa. È irrilevante se il prodotto o il servizio non soddisfa le esigenze del cliente. Ne scoprirà uno che lo soddisfa.

5. Trovate il vostro vantaggio nascosto. C'è un prodotto che vendete e che nessun altro vende? Un

servizio che offrite e che non ha eguali? Possedete un segreto commerciale o un legame con il settore che vi permette di identificare le tendenze emergenti e di capitalizzarne il potenziale? Utilizzatelo a vostro vantaggio.

6. Affermate di essere l'unica persona che conosce in prima persona il futuro e ciò che vi aspetta. Poi dovete divulgare questi segreti. Fornendo queste informazioni, dimostrerete di comprendere il quadro generale, favorendo così la fiducia. Assicuratevi che le vostre dichiarazioni siano a prova di futuro.

Dovete essere selezionati, perché l'incertezza economica persisterà almeno per il resto di quest'anno e forse anche per il prossimo. Create un punto di differenziazione tra la vostra azienda e tutte le altre, in modo che i clienti - quelli attuali, quelli fedeli e quelli ancora da scoprire - vi scelgano.

Considerate la loro prospettiva. Comprendete le loro preoccupazioni e le loro esigenze. Poi risolvete le loro difficoltà come nessun altro ha fatto prima.

Fornite un valore maggiore per il loro denaro. È una situazione vantaggiosa per tutti.

Capitolo 3: Metodi comprovati per prosperare in un periodo di recessione.

Nessuno desidera una recessione perché richiederebbe una completa rivalutazione del modo in cui mantenere un'azienda prospera. Quando un'azienda subisce una recessione, non c'è alcuna promessa che si riprenda rapidamente.

A causa dell'insufficienza di capitale per continuare le operazioni, piccole e grandi imprese sono state costrette a chiudere, immaginando che persino società affermate abbiano dovuto sacrificare parte delle loro filiali per soddisfare le esigenze finanziarie di quelle rimanenti.

Non c'è nulla di male ad avere grandi aspettative nonostante la recessione. Prima si riconosce che la propria attività sta fallendo, meglio è.

Questo vi permetterà di correggere la situazione e di mantenere la speranza che la vostra azienda possa ancora essere salvata.

Concentrarsi sui punti di forza dell'azienda, migliorare il team di gestione e altre misure possono dare la spinta necessaria per rimettere in piedi l'azienda. Siete consapevoli che ora dovete considerare la praticità a causa della mancanza di fondi in entrata.

Anche tenere d'occhio i concorrenti è essenziale per rimettere in piedi l'azienda. Quando notate che stanno tagliando le cose che ritenete fondamentali, potete scegliere di cogliere l'occasione per incrementare la vostra.

Siete consapevoli che dovreste mentire su altre questioni, ma non quando si tratta di promuovere la vostra attività. Questo è un approccio fantastico per convincere le persone a fare affari con voi quando i vostri concorrenti stanno per chiudere. Potreste fare alcuni sacrifici nel vostro budget pubblicitario e di marketing per attirare più clienti.

Ricordate che in tempi di recessione arriverà un momento in cui dovrete utilizzare i vostri fondi per coprire le esigenze finanziarie dell'azienda. C'è sempre la possibilità di sacrificare i fondi personali per il bene dell'azienda.

Non potete cambiare questa situazione, soprattutto se siete i proprietari dell'azienda. In un'ottica più leggera, potete approfittare della recessione facendo pubblicità a tariffe ridotte. Potreste approfittare di questa occasione d'oro per pubblicizzare la vostra attività mentre i vostri concorrenti non lo fanno.

Potete anche trovare disoccupati altamente competenti disposti a lavorare per un salario ridotto, dato che hanno un disperato bisogno di lavoro. Almeno adesso, l'azienda ha maggiori possibilità di sopravvivere alla crisi.

Quando ciò accadrà, potrete dormire sonni tranquilli sapendo di aver fatto la scelta giusta, sacrificando denaro per altre cose più importanti e assumendo persone in grado di migliorare la posizione della vostra azienda.

Essere fiduciosi in circostanze apparentemente disastrose è una sfida. Siete sicuri che non vi pentirete di aver fatto qualcosa che avreste dovuto fare prima. Finché volete che le cose migliorino, troverete dentro di voi la forza di fare certi sacrifici nella fede che alla fine tutto andrà bene.

Le seguenti tattiche possono aiutare voi e la vostra azienda non solo a sopravvivere alla recessione, ma anche a prosperare:

1) Riconoscete che almeno una parte della recessione deriva dalla paura psicologica e dalla mancanza di mentalità.

In effetti, ci sono forze economiche in gioco sulle quali non si può avere molto controllo. Tuttavia, una componente significativa di una recessione è che tutti ci pensano costantemente e reagiscono per paura. Il pensiero costante "non c'è abbastanza" o "sta diminuendo" porta molte persone a diminuire le spese o a rimandare investimenti vitali.

Dovete comprendere questa componente psicologica e riconoscere che probabilmente influenza i vostri clienti, quindi adattare le vostre strategie di marketing e di vendita di conseguenza. Tuttavia, dovete anche lasciare questa regione di paura ed entrare in uno stato di coraggio intelligente per intraprendere azioni calme, ragionate e coraggiose.

Le uniche persone che prosperano durante una recessione sono quelle che non si lasciano influenzare emotivamente e rispondono con intelligenza e compostezza.

2) Migliorate la gestione dei vostri debiti.

Negoziate una riduzione dei pagamenti mensili o una proroga dei termini di pagamento dei vostri prestiti. Questo vi permetterà di liberare un flusso di cassa che vi servirà per incrementare il vostro marketing. Questo porta alla tattica seguente:

3) Potenziare il marketing.

L'errore più frequente commesso dalle imprese durante una recessione è quello di tagliare gli investimenti di marketing. Tuttavia, è necessario aumentare gli sforzi di marketing! Le persone prendono decisioni di spesa più lente e probabilmente più informate, quindi hanno bisogno di più persuasione e di esposizione al vostro prodotto o servizio, non di meno.

Assicuratevi che i vostri sforzi di marketing e pubblicità siano rivolti al mercato appropriato, che comunichino il messaggio appropriato e che utilizzino i mezzi di comunicazione appropriati, oltre a testare e misurare i risultati. Il resto è spazzatura. Per sopravvivere a una recessione, dovete migliorare il vostro marketing.

4) Ridurre le spese.

Nella vita di tutti i giorni, dovreste chiedervi: "Ho davvero bisogno di questo o lo desidero soltanto?". Per il momento spendete solo per le cose necessarie e reinvestite i risparmi nell'attività. Quando vedrete i primi risultati positivi, potrete concedervi tutto ciò che desiderate, e sarà anche molto più gratificante!

5) Aumentare la produttività e l'efficacia.

Sviluppate una concentrazione laser sul flusso di cassa, sul flusso di affari, sulla fidelizzazione dei clienti e sull'avanzamento dei clienti. Stabilite la nuova abitudine di concentrarvi esclusivamente sulle attività che generano reddito. Eliminate tutte le distrazioni ed eliminate gli extra.

6) Considerare e implementare "molti flussi di reddito".

Uno è il numero peggiore nel mondo degli affari.

Perché? Supponiamo che vi affidiate esclusivamente a un'attività, a un cliente, a un prodotto, a un servizio o a un metodo di distribuzione. In questo caso, siete in guai seri se quell'unica cosa fallisce: un cliente chiave che se ne va, la pubblicità sui giornali che improvvisamente fallisce, ecc.

Pensate a come diversificare i vostri canali di marketing o a creare altri prodotti o servizi che completino la vostra attività principale. Potreste anche voler creare delle imprese collaterali che non richiedono molto tempo o denaro, ma che generano un reddito aggiuntivo.

7) Concentratevi sulla creazione di relazioni con i vostri consumatori e clienti.

Questo aspetto è essenziale in ogni momento, ma soprattutto in un periodo di recessione. Una relazione forte incoraggerà i clienti a rimanere con voi anche nei momenti difficili. Il legame emotivo ha sempre la meglio sul ragionamento razionale. Assicuratevi che i vostri clienti abbiano un'impressione positiva di voi e della vostra organizzazione.

Poiché nel mondo c'è tanta tristezza, le persone cercano cose che le facciano sentire meglio, soprattutto durante una recessione. Pertanto, instaurate fin dall'inizio un rapporto positivo con i vostri clienti e con tutti i nuovi potenziali clienti. Non vi aiuterà solo dal punto di vista finanziario, ma vi farà anche sentire bene!

Capitolo 4: Strategie per aiutare la vostra azienda a superare la tempesta della recessione.

La Biscayne Engineering Company, fondata nel 1898, è la più antica azienda della città di Miami, con una storia di oltre tre decenni. La sua influenza sulla parte sud-orientale della Florida si estende a nord fino a Cape Canaveral. La Biscayne Engineering Company è una caratteristica duratura di Miami.

Nel corso della sua storia, Biscayne Engineering ha superato nove recessioni e la Grande Depressione. Alla luce di ciò, abbiamo chiesto al presidente di Biscayne, George Bolton, e ai membri del suo team di gestione, quali sono le strategie dell'azienda per superare le tempeste. Quali sono i metodi di Biscayne Engineering per sopravvivere e prosperare durante la recessione X?

Strategia 1: Amministrazione.

Bolton è inequivocabile su una strategia di sopravvivenza: la gestione è il punto di partenza di tutto. Le aziende hanno bisogno di una gestione efficace in ogni momento, ma soprattutto durante le crisi economiche. I manager devono essere consapevoli di ciò che accade nell'intera organizzazione.

Per garantire questo, ogni reparto si riunisce settimanalmente per concludere il lavoro della settimana precedente e delineare i compiti della settimana successiva. Ogni settimana, l'intero team di gestione si riunisce per un aggiornamento sulla situazione. Ogni supervisore conosce il carico di lavoro attuale, le tempistiche, il flusso di lavoro e le prospettive di redditività. Non sono ammesse congetture.

"Ogni individuo è a conoscenza dello stato dell'intera organizzazione e ogni supervisore è a conoscenza delle responsabilità di ogni membro della sezione. Ogni manager e supervisore è a conoscenza di ciò che ogni individuo di ogni area deve realizzare e di ciò che ogni persona genera alla fine della giornata. Ciò riguarda l'entità dei ricavi generati da ciascuno e se questi sono sufficienti. Bolton afferma: "Si svolge come un gioco".

"Questa domanda si applica anche agli individui. È tutta una questione di vittoria", ha detto Bolton. Quando si tratta di promozioni e aumenti di stipendio, le prestazioni passate di una persona sono essenziali. In definitiva, la questione è se abbiamo vinto o perso come squadra."

Strategia 2: Proposte.

Le proposte sono uno dei ruoli manageriali più importanti. I membri della direzione tengono traccia del numero settimanale di proposte inviate e di quelle convertite in contratti. Ogni proposta che non si è tradotta in un contratto viene analizzata.

Inoltre, tengono traccia delle entrate e delle uscite. La direzione stabilisce obiettivi mensili per il numero di proposte. La direzione e i dipendenti cercano quotidianamente nuove prospettive di business che si traducono in proposte e contratti.

Strategia 3: Finanza.

In un periodo di recessione, la finanza è un'altra funzione manageriale di fondamentale importanza. Per rimanere competitiva sul mercato, un'azienda non deve mai rimanere a corto di liquidità. Per garantire che ciò non accada mai, è stata adottata una politica aziendale: Never Run Out Of Cash.

Per rendere efficace questa politica, è necessario applicare una semplice regola tratta dalle pagine della storia: Risparmiare almeno il 10% dei propri guadagni. Bolton ha continuato: "Ci sono stati un paio di momenti difficili in cui abbiamo attinto ai nostri fondi, ma alla fine li abbiamo restituiti.

Conserviamo il nostro cuscinetto in ogni momento. Se necessario, chiediamo un prestito all'azienda, ma lo restituiamo sempre. Non siamo mai rimasti senza soldi". Paghiamo puntualmente le nostre fatture. I pagamenti in ritardo comportano costi sotto forma di spese di mora e interessi maturati. Pagare sempre tempestivamente.

Una seconda componente del piano consiste nel tenere traccia delle entrate generate e delle spese sostenute per ogni contratto. L'analisi finanziaria non deve essere una scienza missilistica, ma è necessario effettuarla.

La terza componente dell'approccio consiste nel determinare l'entità delle entrate generate tradizionalmente ogni mese. A tal fine, teniamo traccia delle entrate di ogni mese per i tre anni precedenti su un grafico.

La media triennale è una componente essenziale del bilancio e uno strumento di misurazione. È utile per stimare le entrate necessarie per i mesi successivi. Alla media di ogni mese aggiungiamo una percentuale di aumento per la definizione degli obiettivi. Questi numeri servono come parametri di riferimento per la gestione.

Strategia 4: espandere la propria base.

Mike Bartholomew, vicepresidente delle operazioni, è stato aggiunto come nuovo dirigente. "Inoltre, la nostra clientela è la più varia possibile. Riteniamo che avere un gran numero di piccoli clienti ci aiuti a mantenere un flusso di entrate più costante durante le crisi economiche, rispetto a lavorare con una manciata di grandi clienti."

Strategia 5: Pianificazione.

La pianificazione è un altro approccio per combattere la recessione. Le aziende innovative pianificano costantemente e il nostro piano tiene sempre conto della probabilità di una recessione economica. Le recessioni e altre situazioni potenzialmente difficili rientrano nella categoria "What If?". Inoltre, il piano include i rimedi a queste situazioni.

Una volta all'anno, i piani di marketing e commerciali vengono rivisti e aggiornati, mentre trimestralmente la direzione effettua una revisione o un'analisi. Dopo la valutazione, la strategia passa al trimestre successivo. Osservare la figura

La procedura in quattro fasi inizia con la ricerca.

Segue la pianificazione, poi l'attuazione e infine l'analisi. Il ciclo ricomincia con il trimestre successivo. Il processo non si ferma mai e la direzione viene costantemente informata quando qualcosa inizia ad andare storto.

Strategia 6: mettere in comune le licenze software.

L'utilizzo del pooling di licenze software è un metodo interessante per risparmiare denaro. Questo si ottiene mantenendo un pool di licenze di AutoCAD basato su server che può essere controllato secondo le necessità. In questo modo si elimina un set per ogni computer, dato che alcuni utilizzano occasionalmente l'applicazione. In questo modo l'azienda può operare con un minor numero di permessi, risparmiando così denaro.

Strategia 7: Manutenzione e aggiornamento delle apparecchiature.

Le attrezzature sono essenziali per il successo di qualsiasi studio di rilevamento o di ingegneria. Tra le misure di riduzione dei costi adottate da Biscayne vi è l'utilizzo della tecnologia. L'organizzazione aggiorna continuamente le attrezzature da campo e da ufficio, secondo le necessità.

La manutenzione mensile dei computer è molto meno costosa della loro sostituzione ogni tre anni. Con una corretta manutenzione, un computer può sopravvivere da due a tre anni in più del normale.

La manutenzione degli automezzi è essenziale perché allunga la vita delle vetture, che costituiscono uno dei principali beni dell'azienda. L'acquisto di carburante al prezzo più basso possibile aumenta i risparmi: gli equipaggi sono al servizio di più sedi di lavoro nelle stesse vicinanze.

In questo modo si evitano i viaggi di ritorno verso l'ufficio e le aree di lavoro. La manutenzione si estende al personale. Mantenere la salute dei dipendenti è essenziale per una produzione ininterrotta. L'organizzazione sostiene uno stile di vita sano e visite mediche annuali. I dipendenti che perdono peso e smettono di fumare vengono premiati.

Strategia 8: Dettagli minori.

Anche azioni minori, come spegnere le luci in luoghi di lavoro abbandonati o poco utilizzati, contribuiscono al controllo dei costi. L'acquisto mensile di grandi quantità di forniture consente di risparmiare gas e di ridurre le spese grazie allo sconto sui volumi. L'azienda impiega una sicurezza armata sul campo per ridurre ed eliminare i costi causati dai furti nei siti di lavoro.

Strategia 9: Personale.

Il programma Developing Diversity di Biscayne Engineering prevede la formazione trasversale dei tecnici, in modo che possano cambiare funzione, evitando la necessità di un secondo dipendente. Questo metodo è illustrato da un tecnico di scanner laser che traduce i dati sul campo e li elabora in ufficio.

L'aggiunta di personale esperto e competente è un altro metodo di riduzione dei costi umani che migliora la qualità del servizio. Le attuali condizioni occupazionali offrono un gran numero di professionisti qualificati. La strategia di accantonare denaro entra in gioco in modo favorevole. A Biscayne, i licenziamenti sono l'ultima risorsa e non influiscono mai sulla qualità del servizio.

Strategia 10: Marketing.

Il marketing di Biscayne Engineering continua nonostante il ripetersi di una recessione, che è un evento accettato. "Secondo Mike Bartholomew, vicepresidente delle operazioni, "riteniamo che il team di gestione guidi e coinvolga tutti i dipendenti nella campagna di marketing".

Questo include la definizione degli obiettivi e il monitoraggio dei nostri progressi verso ogni obiettivo. Si tratta di tenere sotto controllo le spese e i ritorni sugli investimenti. Inoltre, si tratta di lanciare nuovi servizi e di migliorare quelli esistenti".

Bolton ha continuato: "Molte aziende abbandonano le loro strategie di marketing nei periodi di difficoltà economica. È un errore. Si ritirano dal mercato, permettendo ad altri concorrenti di prendere il loro posto. Noi vediamo il marketing in modo diverso.

Non lo vediamo come il veicolo di vendita dell'azienda. Al contrario, consideriamo i nostri servizi come veicoli per i nostri sforzi di marketing per acquisire nuovi clienti. Questo pone il marketing davanti a tutto il resto, come dovrebbe essere in un periodo di recessione. Ci pubblicizziamo costantemente."

Strategia 11: Creazione di reti.

Bartholomew ha ricordato che il networking fa parte dell'attività di marketing. Grazie al networking, acquisiamo molti nuovi clienti. Dall'inizio della crisi, il networking è diventato un'attività molto più vitale.

Bartholomew ha dichiarato: "Abbiamo sempre fatto rete, ma ora è essenziale".

Il networking e l'adesione alle organizzazioni sono due delle migliori strategie per incrementare l'attività di un'azienda. Il networking è straordinariamente efficace dal punto di vista dei costi e le quote annuali di adesione ai gruppi sono spesso comprese tra i due e i trecento dollari.

Le camere d'affari, i gruppi sociali, i club sportivi, i club civici e le organizzazioni di beneficenza come United Way, Easter Seals e American Cancer Society sono ottime opportunità per fare rete e servire la comunità. Unitevi a una di queste organizzazioni con l'intenzione di contribuire piuttosto che di ricevere. Una transazione commerciale di successo produce un forte ritorno sull'investimento.

Sapere che un evento di networking non è un tiro al tacchino è la componente più essenziale del networking. Si tratta invece di un'opportunità per incontrare nuove persone, conoscerle e stabilire rapporti di amicizia e di fiducia.

La transazione può avvenire in un secondo momento o non avvenire mai. Pertanto, è necessario disporre di una rete estesa. Costruite e mantenete la vostra rete e sfruttate ogni occasione per reclutare nuovi membri, anche alla cassa del supermercato. Alla fine, le persone che fanno parte della vostra rete vi genereranno nuovi affari sostanziali. Tuttavia, è necessario dare per ricevere.

Strategia 12: Espansione.

È un buon momento per le imprese che hanno disponibilità finanziarie o accesso ai fondi per prendere in considerazione l'espansione. Alcune aziende stanno chiudendo, mentre altre hanno esaurito i fondi; queste imprese sono una preziosa fonte di nuovi affari. Biscayne Engineering ha recentemente acquisito molti specialisti da un'azienda della Contea di Miami-Dade il cui proprietario è deceduto.

A meno che non siate pronti a gettare la spugna, queste tattiche possono aiutarvi a sopravvivere alla recessione e a entrare in una mentalità di successo che vi permetterà di guadagnare di più e di raggiungere una maggiore indipendenza finanziaria. Ci vorrà del tempo, ma è possibile.

Capitolo 5: Modi per cambiare il momento.

Quando i tempi sono buoni, ci si lascia inconsciamente trasportare dallo slancio del periodo positivo. Durante questi periodi di prosperità, cavalcate le onde. Potete concentrare il vostro pensiero cosciente sui frutti a portata di mano, sulle azioni tattiche e sulle enormi opportunità disponibili sul mercato per generare risultati positivi e avanzare.

Tuttavia, quando i tempi sono difficili, cavalcherete inconsciamente lo slancio di quei tempi difficili. A meno che non facciate un grande sforzo per cambiare il vostro slancio, i prossimi mesi o anni saranno un'avventura. Attualmente, la follia può essere descritta come "fare le stesse cose che si facevano nei tempi buoni e aspettarsi gli stessi risultati nei tempi cattivi!"

Quali sono quindi i principali strumenti di cambiamento di slancio a vostra disposizione in questi tempi difficili?

Piangete per la vostra perdita.

Prendetevi un po' di tempo per piangere la scomparsa dei tempi prosperi, in modo che nulla, consciamente o inconsciamente, vi impedisca di andare avanti. L'attaccamento al passato prospero può solo causare pessimismo sul presente. Ogni generazione attraversa diversi periodi di successo e di sfida. Questo è uno dei periodi difficili a cui dobbiamo sopravvivere in questo dono che chiamiamo vita.

Cambiare la speranza inattiva in speranza attiva.

La speranza passiva è un passo iniziale essenziale nel cammino verso luoghi migliori. Con la sua campagna presidenziale e i suoi messaggi, Barack Obama ha aiutato molte persone a compiere questo primo passo mentale. Tuttavia, in base alle mie osservazioni su Barack Obama, posso garantire che non ha mai voluto che aspirassimo a un futuro migliore passivamente. Sono necessarie molte altre azioni per trasformare la speranza passiva in speranza attiva.

Punto di vista personale.

Ho già descritto come io guardi lo sport sia per piacere che per educazione. Durante la stagione del football universitario, abbiamo assistito a un esempio eccezionale di presa di posizione da parte di un individuo, che ha portato a risultati eccezionali. Tim Tebow, quarterback dell'Università della Florida, ha parlato in una conferenza stampa il 27 settembre 2008, dopo la sconfitta stagionale dei Gators contro Ole Miss.

Ha espresso rammarico, si è impegnato a migliorare e concentrare gli sforzi e ha augurato a tutti buon lavoro. Il risultato di questa presa di posizione pubblica è stato il campionato nazionale di college football per i Florida Gators!

Capire i propri punti di forza e massimizzarne l'effetto.

Le persone di successo si concentrano sui propri punti di forza. Quando i tempi sono difficili, non c'è spazio per gli errori. Pertanto, non potete permettervi di spendere tempo, denaro o risorse in iniziative, progetti o compiti che non corrispondono ai vostri punti di forza. Create oggi stesso un piano d'azione per l'attivazione dei punti di forza!

Smettete di svolgere ogni settimana un'attività che non rientra tra i vostri punti di forza. Investite tempo, sforzi e risorse in una delle vostre capacità. Fissate una scadenza per aumentare del 5% l'attivazione dei vostri punti di forza. Perseguite costantemente questo obiettivo. Raggiungetelo, poi fissatelo di nuovo. Il 70%-80% del vostro tempo, delle vostre energie e delle vostre finanze dovrebbe essere dedicato ai vostri punti di forza.

Rivalutate le esigenze del vostro mercato.

I prodotti e i servizi di maggior successo non offrono solo vantaggi pratici. Servono clienti o clienti con esigenze più profonde, più emotive. L'attuale crisi economica ha probabilmente modificato le esigenze emotive dei vostri clienti o consumatori. Sarebbe meglio se rivalutaste le esigenze del vostro mercato per vedere come potete applicare le vostre capacità per soddisfare le mutate esigenze del mercato.

In genere le persone sostengono le aziende e i fornitori di servizi che conoscono, apprezzano e di cui si fidano. In questo modo, si mantiene più saldamente in piedi nei momenti difficili. Trovate il modo di posizionarvi al di sopra e al di là delle aspettative e manterrete e accrescerete la loro attività.

Considerare le possibilità di promozione strategica.

I limiti offrono concentrazione e stimolano la creatività. Le innovazioni di successo raramente sono il risultato di riflessioni casuali. Il lavoro di ricerca e sviluppo è un'attività che aiuta la mente a diventare più aperta alle idee, ma le invenzioni di maggior successo si verificano quando le persone gestiscono i limiti opposti della situazione. Dovete ridefinire il vostro ambiente competitivo per scoprire le possibilità nascoste. Poi, dovete stabilire come testare piccoli progetti per indagare su queste opportunità.

Valutare le pratiche di gestione dell'energia.

Il carattere del lavoro si è evoluto. La maggior parte del lavoro non è più gestita in modo appropriato dall'uso efficiente ed efficace del solo tempo. Anche la velocità e l'influenza del mercato sono aumentate. Per avere successo, dovete disporre di strategie per controllare l'energia vostra e della vostra organizzazione. Partecipate periodicamente al processo di avanzamento strategico.

Ridefinite l'eccellenza dell'esecuzione e sviluppate sessioni giornaliere concentrate e di alta qualità. Infine, concedetevi intervalli di riposo regolari. Jack Welch ha spesso dichiarato di aver avuto le sue idee migliori quando era in vacanza! Abbiate fiducia nel fatto che il recupero ricorrente vi sarà utile se vi impegnate nell'avanzamento strategico e nella qualità dell'esecuzione.

Nutrite spesso la vostra mente con messaggi particolari.

Questo è importante quando si sentono le notizie di tempi difficili dai media. Inoltre, per quanto si cerchi di evitarli, è probabile che nei momenti difficili si facciano più colloqui con toni negativi. Per quanto possibile, alimentate la vostra mente in modo proattivo con affermazioni positive e informazioni salutari. Incorporatele nella vostra routine!

Se non cercate consapevolmente di cambiare il vostro slancio, verrete trascinati nel vortice di negatività che circonda l'attuale recessione. Se utilizzate, le otto strategie di cambiamento dello slancio sopra descritte genereranno un nuovo slancio positivo per voi.

Tirate fuori immediatamente la vostra agenda e mettetene in pratica almeno una per ciascuno dei prossimi trenta giorni. Potreste rimanere sciocati da quanto sarà diversa la vostra vita dopo trenta giorni.

Capitolo 6: Ridurre i costi e aumentare i profitti durante la recessione spostando la vostra attività online.

Durante la recessione mondiale del 2008-2009, le imprese stanno chiudendo i battenti a un ritmo allarmante.

Il principio di Darwin della "sopravvivenza del più adatto" è vivo e vegeto. Le imprese che non sono in grado di adattarsi a un ambiente economico in continuo mutamento muoiono. Potete approfittare del fatto che molti dei vostri concorrenti si arrendono e gettano la spugna. In questi tempi difficili, dovete fare un grande sforzo e prendere in considerazione la possibilità di ridurre le spese operative eccessive.

Durante l'attuale corsa all'oro di Internet, alcuni astuti imprenditori sono alla ricerca di opportunità online per capitalizzare le loro faticose competenze. Purtroppo, molti potrebbero scoprire di essere come bambini in una nazione di adulti. Le tecnologie e le tattiche di marketing su Internet non si imparano in un mese o addirittura in un anno; si tratta di un processo continuo che richiede un'attenzione ambiziosa.

A causa dei bassi costi di avvio e mantenimento di un'attività su Internet, la concorrenza è in genere molto forte. Solo i concorrenti più forti riusciranno a sopravvivere e a crescere online. Fortunatamente per voi, imprenditori motivati e ambiziosi, la maggior parte dei vostri concorrenti sarà lassista negli sforzi di marketing, inetta nel seguire i clienti e colpevole di molti altri crimini commerciali.

Potete prosperare e sopravvivere online se siete un concorrente più in forma. Non è il momento di essere ambigui riguardo ai vostri obiettivi: il business è fare soldi e voi dovete essere aggressivi e tenaci in questi tempi difficili.

Creando la vostra attività online con una mentalità proattiva, acquisirete maggiori conoscenze e competenze in materia di marketing online efficiente rispetto alla concorrenza più debole. Quando le condizioni economiche miglioreranno, i vostri profitti saliranno alle stelle perché l'eccellente base e il duro lavoro svolto per stabilirla saranno evidenti ai nuovi clienti.

Questo è il momento migliore per posizionare la vostra organizzazione come leader di mercato. Inoltre, è un momento eccellente per lanciare un nuovo business online. Non importa se non avete mai avuto un'azienda prima d'ora o se volete creare un'attività completamente diversa da quella offline. Indipendentemente da come avete vissuto la vostra vita, è molto probabile che abbiate conoscenze ed esperienze che possono essere applicate al guadagno.

Considerate il caso in cui siate un riparatore di scarpe. Io facevo il falegname, ma mi sono stufato delle lunghe ore e del lavoro fisico, quindi ho capito il punto di vista del commerciante e ho deciso di intraprendere un altro lavoro online. Non è possibile offrire in modo efficiente la riparazione di scarpe online.

Si possono vendere materiali, un libro o un video su come padroneggiare l'abilità. Tuttavia, per fare soldi online in modo significativo, dovete reinventarvi come imprenditori e adattare la vostra mentalità di conseguenza.

Esistono molte opportunità per guadagnare online. Potreste iniziare a vendere un articolo online, ma poi decidere di fare qualcosa di più redditizio, come generare contatti e condurre vendite telefoniche. Scegliere una linea d'azione può essere piuttosto difficile, ma dovete scegliere qualcosa e continuare a seguirla finché non avrete capito come vendere online, dopodiché potrete applicare ciò che avete imparato ad altre attività.

In generale, i modi più redditizi per generare denaro online richiedono competenze tecniche come marketer o il desiderio di chiamare i potenziali clienti. Se avete qualcosa di valore da dare, potrete trarre vantaggio dall'essere avvicinabili e accessibili ai potenziali clienti.

Internet è solo un'altra strada per entrare in contatto con le persone, non un mezzo per nascondersi dai clienti e limitare il coinvolgimento. Quanto più il vostro marketing è accessibile, tanto più è probabile che riceviate affari su Internet.

Capitolo 7: Assumere il controllo della propria attività in tempi incerti.

Le persone sono ansiosamente consapevoli degli immensi problemi globali, domestici e personali che affrontiamo ovunque si guardi: giornali, riviste, televisione e blog. Molto è stato scritto sulla tristezza e sull'incertezza che tutti noi dobbiamo affrontare. Le persone devono affrontare lo stress in ogni aspetto della loro vita e abbiamo costruito un'enfasi nazionale sulla "crisi".

Nonostante tutto, c'è un filo di speranza di fondo. Quando le istituzioni e le organizzazioni falliscono, vengono decostruite o sono costrette a riformarsi, emergono possibilità che possono creare nuove e migliori opportunità. Sotto la superficie della paura c'è una solida base di esperienze "che possono essere fatte".

Emergono un messaggio di "sì, possiamo" e crescenti aree di possibilità legate all'azione. Intellettualmente, siamo consapevoli che anche i periodi peggiori sono ciclici e che i minimi storici finiscono per lasciare il posto a nuovi periodi di espansione.

Andrew Carnegie fondò la sua acciaieria all'inizio della recessione del 1873 e IBM introdusse il personal computer durante la recessione del 1981.

Le preoccupazioni più critiche che tutti hanno in mente sono:

- Cosa posso fare per prosperare, non solo per sopravvivere, durante questo periodo?

- Quali passi posso compiere per posizionarmi in vista dell'imminente svolta?

Il primo passo è far salire sull'autobus le persone giuste. In questi tempi difficili, molti individui stanno indubbiamente cercando di salire sull'autobus giusto che offra sicurezza e riparo dalla tempesta in arrivo.

Sì, alcuni individui si accontentano di aspettare l'autobus sperando disperatamente di salire su un autobus decente.

Altri, invece, non si accontentano di aspettare; non hanno alcun interesse a essere salvati. Cercano la posizione dell'autista. Vogliono determinare il percorso e far funzionare l'autobus; questa pagina è per gli autisti.

Gli autisti hanno la sicurezza e la determinazione di scegliere il percorso, di superare gli ostacoli e di infondere un senso di sicurezza e di fiducia nei loro passeggeri. Vanno avanti con fiducia e determinazione, concentrandosi su ciò che sarà piuttosto che su ciò che potrebbe essere.

Nielsen ha scoperto che le aziende che hanno mantenuto o aumentato le loro attività di marketing e vendita durante gli anni '80 hanno registrato un tasso di crescita del 275% cinque anni dopo la recessione. Quelle che hanno ridotto le spese hanno registrato solo un aumento del 19% nello stesso periodo.

Ai conducenti è richiesto di mantenere entrambe le mani sul volante nei momenti di difficoltà. Un'analisi della letteratura su come prosperare in tempi burrascosi indica che l'intensità manageriale implica "un'eccellente gestione della liquidità" e il "miglioramento delle prestazioni" (eliminazione delle attività a non valore aggiunto). Tuttavia, si potrebbe sostenere che queste tecniche dovrebbero essere già diffuse.

Coinvolgere i dipendenti è una delle abilità essenziali da apprendere per prosperare in tempi difficili. Invece di abbandonarli come un peso, utilizzate il loro capitale intellettuale e la loro esperienza operativa per scoprire i metodi più efficienti per gestire il flusso di cassa ed eliminare gli sprechi.

In altre parole, evitate di trattarli come semplici spettatori e sottolineate invece che sono interessati al risultato. Inoltre, possono apportare valore contribuendo con le loro prospettive distintive e le loro risorse intellettuali.

Pfizer ha ridotto le inefficienze dividendo i reparti di ricerca e commerciali in team più piccoli, garantendo loro una maggiore responsabilità e titolarità sul lavoro e sui prodotti. L'infusione di questi "geni imprenditoriali" nei team ha portato a un aumento della creatività e dell'inventiva e a un miglioramento della produzione e del morale.

Come ogni altra circostanza della vita, il successo è il prodotto della nostra percezione delle cose. Tutto ciò che esiste è nato come un'idea che si è manifestata nell'azione.

Quando discutiamo dello scenario attuale con colleghi, clienti e titolari d'azienda, ci troviamo di fronte a due schieramenti.

Ci sono due gruppi: "chiudere i battenti" e "essere cautamente proattivi". Individuiamo i seguenti punti in comune tra le persone proattive:

1. Lavorare dall'interno verso l'esterno.
2. Stabilire partenariati strategici.

3. Essere attivi anziché passivi.

1. Lavorare dall'interno verso l'esterno.

Ciò che si pensa, individualmente o collettivamente, influenza lo stato emotivo, poiché le emozioni determinano il comportamento. Concentrandosi sulla gestione proattiva del proprio "stato mentale" o atteggiamento, si possono influenzare favorevolmente i risultati che si ottengono. Inoltre, come leader, la vostra capacità di proiettare un atteggiamento di gratitudine e di abbondanza è un esempio da seguire per gli altri.

Come leader, avete la possibilità di motivare o demoralizzare ogni giorno, momento per momento, le persone su cui fate affidamento per realizzare la vostra visione. Utilizzate queste occasioni con saggezza.

2. Alleanze strategiche.

Sviluppare partnership strategiche con organizzazioni e persone che condividono i valori e gli obiettivi della vostra organizzazione. Nella cultura occidentale, il Ranger Solitario, Michael Jordan e Superman sono romanticizzati; ciononostante, ognuno di loro aveva almeno due aiutanti.

La diversità e l'interconnessione sono le fonti dell'innovazione. Le alleanze che incoraggiano la collaborazione offrono l'opportunità di aumentare la propria sfera di influenza o di fornire preziose intuizioni su situazioni già note.

La cooperazione e l'innovazione sono molto più favorevoli al successo rispetto all'impegno solitario e alla competizione "chi vince prende tutto".

Prima di morire, Studs Turkel ha osservato che due fattori hanno aiutato le persone a sopravvivere alla Grande Depressione: l'ottimismo e l'aiuto reciproco. In circostanze difficili, la qualità delle persone che vi circondano è fondamentale, quindi assicuratevi che l'autobus contenga i passeggeri adatti.

3. Partecipare alle attività.

Quando le cose si fanno difficili, è troppo facile farsi paralizzare dall'indecisione; tuttavia, questo è il momento di essere decisi. Sviluppate un focus positivo e cristallino, comunicate le vostre convinzioni e i vostri obiettivi con gli altri, sviluppate una strategia ed eseguitela. L'azione trasforma i nostri desideri in risultati.

Steve Jobs, CEO di Apple, ha dichiarato quanto segue: "Quando è scoppiata la bolla delle dot-com, ho promesso alla mia azienda che avremmo investito per superare la recessione piuttosto che licenziare i dipendenti che avevamo faticosamente reclutato in Apple e che avremmo mantenuto i finanziamenti in modo che, quando la recessione sarebbe finita, saremmo stati davanti ai nostri concorrenti.

Questo è ciò che abbiamo fatto. Questo è ciò che faremo questa volta". Apple continua a presentare nuovi prodotti mentre altre aziende annunciano licenziamenti.

Quando si esaminano i consigli degli "esperti", i temi predominanti sono "stringere i tempi" e "abbassare le braccia". A prima vista, sembra una logica ragionevole.

Tuttavia, da questa teoria emergono due problemi. Il primo è che quando arriva il momento della crescita e dell'espansione, è difficile passare da una mentalità di "mantenimento del fortino" a una di crescita ed espansione.

Il secondo è che, mentre voi vi state espandendo, i concorrenti che hanno dato priorità alla cultura organizzativa, all'efficienza e all'innovazione saranno molto più avanti di voi nel conquistare quote di mercato e nel portare nuovi prodotti e servizi ai loro consumatori (e a molti dei vostri "ex" clienti).

Anche se non siamo economisti, siamo d'accordo con il professor Sean Snaith dell'Università della Florida del Sud, come affermato dall'Associated Press: "Se si sovrastimano le prospettive negative e si licenziano i lavoratori, l'azienda si troverà in una posizione di svantaggio quando l'economia si riprenderà". Reclutare, scegliere e inserire nuovi dipendenti può essere più costoso che preservare il patrimonio intellettuale.

È ora di salire sull'autobus per il futuro, non di aspettare la tempesta. Se aspettate che le condizioni siano favorevoli per agire, potreste scoprire che l'autobus è già partito senza di voi. A maggior ragione, è giunto il momento di prendere in mano la situazione e di dettare il tono, coltivando atteggiamenti interni di gratitudine e abbondanza, sviluppando alleanze che facilitino il movimento verso il futuro desiderato e agendo immediatamente.

Capitolo 8: Come la pubblicità può aumentare i profitti durante la recessione.

In un periodo di recessione, è comune che i responsabili marketing esitino prima di aumentare le spese pubblicitarie. Si prevedono tagli al budget. Perché investire in pubblicità se nessuno compra? Stiamo attraversando un periodo economico difficile. Gli Stati Uniti hanno subito nove recessioni dalla Seconda Guerra Mondiale.

Cinque di queste si sono verificate dal 1980 al 2009. Per quanto questo possa sembrare negativo, c'è un aspetto positivo: i consumatori spendono in genere il 9% in più verso la fine di una recessione rispetto all'inizio. Anche se tecnicamente non siamo in una fase di recessione, i clienti che cercano di risparmiare sono più propensi a cambiare marca quando le finanze si restringono.

Centinaia di ricerche hanno indicato che mantenere o aumentare la pubblicità durante la recessione economica è vantaggioso per gli operatori di marketing. Sembra un controsenso, ma ricerche condotte già negli anni '20 lo confermano. Al contrario, le aziende che riducono la pubblicità in questi periodi vanno incontro a un calo delle vendite. Alcuni esempi:

- Duecento aziende sono state monitorate durante il crollo del 1923. Secondo l'Harvard Business Review, le organizzazioni che hanno fatto più pubblicità in quel periodo hanno registrato la crescita più significativa delle vendite.

- Durante le recessioni del 1948-1949, 1953-1954, 1957-1958 e 1960-1961, Buchen Advertising ha monitorato la correlazione tra spese pubblicitarie e andamento delle vendite. I ricercatori hanno scoperto che chi riduceva le spese pubblicitarie registrava una riduzione dei ricavi.

Quando la recessione finì, queste aziende rimasero indietro rispetto ai loro rivali, che avevano mantenuto i loro budget pubblicitari.

- Negli anni '80, McGraw Hill Research ha analizzato 600 aziende B2B. Le aziende che hanno mantenuto o incrementato la pubblicità durante le recessioni del 1980 e del 1981-82 hanno registrato una forte crescita nei tre anni successivi.

Nel 1985, queste aziende si erano espanse del 256% in più rispetto a quelle che non avevano mantenuto i loro budget pubblicitari! Analogamente, il Center for Research and Development ha rilevato che gli inserzionisti aggressivi hanno incrementato la quota di mercato 4,5 volte più velocemente di quelli che hanno ridotto la spesa pubblicitaria durante la ripresa post-recessione.

- Nel 2003, i professori Kristina Franberger e Roger Graham hanno valutato 2.662 aziende sotto l'egida del Marketing Science Institute. Hanno scoperto che spese pubblicitarie più significative durante una recessione non solo funzionano, ma contribuiscono alla performance finanziaria fino a tre anni dopo la conclusione della crisi.

Un prodotto o un servizio di qualità inferiore o una comunicazione di marketing inefficace annullano qualsiasi miglioramento. Quindi, per aiutare la vostra azienda a prosperare durante le crisi di mercato:

- Espandete o, come minimo, sostenete la vostra campagna pubblicitaria. Se i vostri concorrenti riducono i loro sforzi, il vostro messaggio risalterà maggiormente.

- Mantenete il vostro sito web fresco e assicuratevi che i vostri prodotti e servizi siano aggiornati.

- Utilizzate l'ottimizzazione dei motori di ricerca per migliorare il posizionamento sui motori di ricerca.

- Utilizzate le opportunità di social marketing per espandere la vostra presenza su Internet.

- Non tagliate le spese creative e di produzione. Ricordate che la vostra immagine si riflette nei valori di produzione della vostra pubblicità.

- Sviluppate un piano di marketing con la vostra agenzia per evitare di sprecare denaro pubblicitario.

- Conservate e perfezionate l'immagine e il messaggio del vostro marchio. Tutti i mezzi di comunicazione devono operare in modo sinergico per ottenere un effetto cumulativo.

- Questo può essere un momento eccellente per sfruttare i prezzi ridotti degli annunci, che consentono una frequenza e un'esposizione più significative.

Per mantenere la vostra presenza e favorire le relazioni con i clienti e i potenziali clienti, dovete continuare a contattarli. Se non lo fate, lo faranno i concorrenti.

In un periodo di crisi economica, è opportuno che la vostra azienda ampli i propri sforzi pubblicitari. Considerate attentamente la questione. Dareste istruzioni al vostro team di vendita di rimanere a casa durante un calo delle vendite? Certo che no. Li esortereste a costruire nuove attività lavorando di più e in modo più intelligente.

Capitolo 9: Come aumentare il reddito con il network marketing anche durante la recessione.

La recessione ha danneggiato le organizzazioni di network marketing e altre imprese a domicilio. Questo perché il numero di opportunità disponibili è diminuito e i mercati esistenti sono diventati eccessivamente saturi e competitivi.

Ciò sottolinea l'importanza di sviluppare un marchio aziendale dinamico per continuare a operare online. Se trovate il piano di network marketing perfetto, la vostra organizzazione può essere in grado di catturare una porzione più significativa del mercato, mentre i concorrenti sono costretti a ridurre i loro sforzi.

Il Marchio come metodo.

Siete già consapevoli dell'importanza del marchio di un'azienda. È il modo in cui la vostra azienda può distinguersi dai suoi rivali. Un marchio è costituito da varie componenti o qualità che i clienti e i potenziali clienti associano all'azienda.

Questi attributi possono essere vantaggiosi o dannosi e influire sul volume delle vendite dell'azienda. Il branding non è spesso il primo approccio di marketing che gli addetti ai lavori prendono in considerazione, ma è essenziale se si vuole avere successo durante la recessione.

Caratteristiche essenziali del vostro marchio.

Il vostro marchio deve ispirare i clienti. Se non riesce a catturare il loro interesse e la loro immaginazione, non avrà successo. Inoltre, si sprecano i soldi del marketing. Dovete capire come il vostro marchio soddisferà i desideri dei clienti o come supererà i concorrenti e raggiungerà il successo.

Sarebbe meglio se aveste un marchio distintivo e facilmente spiegabile. Se riuscite a dimostrare ai clienti l'unicità del vostro marchio e il motivo per cui dovrebbero fare affari con voi piuttosto che con un concorrente, allora avete qualcosa.

Ricordate l'importanza di sviluppare una proposta di vendita unica (USP) perché determina questa qualità. Dovete anche accentuare il fascino del vostro prodotto o della vostra azienda e presentarlo nella luce più favorevole possibile.

La fiducia è fondamentale per instaurare un buon rapporto di vendita con i clienti e i potenziali clienti. Volete che si sentano a loro agio. Altrimenti, potrebbero andarsene. La recessione ha reso i clienti molto più timorosi e apprensivi che in passato. Si preoccupano maggiormente del modo e del luogo in cui vengono effettuate le spese.

Se riuscite a essere sinceri e personali nelle vostre interazioni, avrete più successo che se utilizzaste l'approccio della vendita dura. Mantenete il vostro marchio rilevante. Se riuscite a dimostrare l'attinenza del vostro marchio alla vita del cliente, potete superare difficoltà come i vincoli finanziari e le specifiche influenze culturali.

Utilizzando il branding come approccio di network marketing, potete aumentare l'efficacia della vostra azienda nell'attuale clima economico. È uno dei tanti passi che si possono compiere per rendere la vostra azienda più solida.

Potete adattarvi ai cambiamenti del mercato in modo più efficace facendo ricerche sulle condizioni economiche. I vostri sforzi di network marketing possono prosperare se vi prendete il tempo di agire in modo intelligente.

Imparare a conoscere le tecniche di network marketing più all'avanguardia è un buon punto di partenza, ma c'è molto altro da sapere per salvaguardare il vostro futuro finanziario.

Capitolo 10: Utilizzate i teleseminari per mettere la vostra azienda al riparo dalla recessione.

È sorprendente il numero di opzioni reali che esistono per guadagnare su Internet. Potete vendere eBook, eReport, servizi di coaching, teleseminari e altri prodotti digitali.

I teleseminari sono tra i miei preferiti (e i più redditizi). I teleseminari sono essenzialmente sessioni di formazione condotte per telefono o via web. Con l'avanzare della tecnologia, i teleseminari sono diventati uno dei metodi più popolari per la formazione aziendale e la promozione dei prodotti.

Il vantaggio più significativo dei teleseminari è che i partecipanti non sono obbligati a spostarsi. È possibile ospitare o partecipare ai teleseminari da quasi ogni luogo, compresa la propria casa, la propria azienda o la metà del mondo, e si possono creare profitti sostanziali.

Vantaggi dei teleseminari.

Non è necessario lasciare il proprio ufficio per partecipare a una sessione di formazione. A differenza dei corsi di formazione tradizionali, per i quali è necessario calcolare i tempi di viaggio, l'interruzione della giornata è minima. All'ora stabilita, è sufficiente essere davanti al telefono o al computer con una connessione Internet veloce e affidabile (utilizzando Skype o VOIP).

Come già detto, non siete obbligati a viaggiare. In questo modo, avrete tutto il tempo di svolgere altre faccende o di prepararvi per il teleseminario. L'ansia associata al viaggio e all'arrivo in orario è eliminata.

Rispetto ad altri mezzi per insegnare o pubblicizzare un'attività, la spesa per organizzare o partecipare a un teleseminario è eccezionalmente conveniente.

I teleseminari durano spesso tra i 30 e i 90 minuti. Ciò significa che sono incredibilmente mirati e che è possibile ottenere molte informazioni immediatamente applicabili.

La maggior parte dei teleseminari include una sessione di domande e risposte. I partecipanti possono ottenere risposte rapide ai vari problemi che si presentano in una situazione aziendale. Si impara dalle esperienze degli altri quali sono le insidie da evitare.

Partecipare a un teleseminario in cui l'oratore non è coinvolgente e utilizza un gergo che si protrae per tutta la durata della telefonata è uno degli aspetti negativi più significativi.

Capitolo 11: Strategie di marketing da attuare in un periodo di recessione.

La recessione è ormai "arrivata" Come si sentono le imprese più piccole a causa delle difficoltà incontrate da grandi rivenditori come Walmart, Target e altri? Attualmente, i proprietari di aziende sono comprensibilmente in ansia: quali sono le misure che devono adottare non solo per sopravvivere, ma anche per crescere in una situazione di recessione economica come quella attuale?

Mentre i media continuano a riportare la situazione delle imprese, non posso fare a meno di pensare: la recessione è il momento ideale per sopravvivere e prosperare.

Non è né un "problema" né una "catastrofe", ma piuttosto un'opportunità.

Pertanto, in qualità di proprietari di un'azienda o di un imprenditore, dovete capire quali sono i passi da compiere per assicurarvi di capitalizzare questa possibilità.

Semplice. Rafforzate i legami con i vostri clienti o consumatori.

Non si tratta di scienza missilistica, eppure molte aziende non lo fanno o lo fanno male!

Sviluppare relazioni durature con i vostri consumatori o clienti attraverso una comunicazione coerente avrà un impatto significativo sulla vostra attività e sui vostri guadagni. Pensate a come rendere ogni transazione un'esperienza piacevole e memorabile, in cui potete fornire al vostro consumatore o cliente diverse opzioni di acquisto e nuove tecniche per aiutarlo a decidere di acquistare da voi.

Con questo non voglio dire che nessuno lo faccia già, ma molte aziende non sono focalizzate sul cliente.

Per esempio, una delle mie prime attività era un semplice rivenditore basato su un sito web dove i clienti potevano acquistare e ordinare. Un fornitore nel backend elaborava automaticamente l'ordine, occupandosi di tutto.

Mi relazionavo con i miei clienti tramite autoresponder via e-mail. L'intero processo si svolgeva senza alcun intervento da parte mia, ma ciò che faceva la differenza nell'aumento delle vendite e dei ricavi era il ringraziamento telefonico a ciascuno dei miei clienti per i loro ordini.

Poi chiamavo un'altra volta per confermare che il cliente era soddisfatto della merce fornita. Queste semplici e brevi telefonate di cortesia creavano un'impressione immediata sui consumatori e aumentavano immediatamente il loro valore di vita per me.

Dedicare qualche minuto a ogni cliente è stato un piccolo dettaglio che ho aggiunto a un processo di acquisto già efficace, ma con un atteggiamento proattivo. Essere responsabile ha influenzato notevolmente la mia attività e mi ha aiutato a distinguermi dalla concorrenza.

Le persone mi hanno detto che non vale la pena farlo, ma davvero? Non vale la pena di chiamare qualcuno che vi ha pagato una somma consistente per esprimergli gratitudine? Anche se questa tecnica genera un ulteriore 1%, 5% o 10% di vendite da parte di consumatori che ritornano, deve valere la pena. 10 modi per mantenere le vendite ed espandere il vostro business

Ecco alcuni metodi di marketing che potete attuare immediatamente per proteggere la vostra attività dalla recessione.

1. Comunicate spesso con i vostri clienti attuali. Per far prosperare un rapporto commerciale è necessario stabilire una comunicazione costante.

Non si può pensare di creare relazioni intime con chi interagisce poco. I vostri migliori amici sono tali perché comunicate di più con loro; il business non è diverso.

È essenziale stabilire un rapporto con i clienti attraverso una comunicazione costante. Assisteteli, fateli sentire importanti, prendetevi cura delle loro esigenze e fate del vostro meglio per soddisfare le loro richieste.

In questo modo, i clienti faranno naturalmente affari con voi.

I clienti devono essere al centro dei vostri messaggi di vendita.

Tenere traccia e analizzare gli acquisti dei clienti vi permetterà di personalizzare le comunicazioni in base alle loro esigenze e preferenze.

Amazon è un esempio ideale di azienda incentrata sul cliente. Quando acquistate un libro, vi vengono presentati altri libri acquistati da precedenti acquirenti e sono pronto a indovinare che a volte avete acquistato più libri del previsto.

2. Come contattate il vostro pubblico di riferimento? Esistono altri canali attraverso i quali potreste raggiungere i potenziali clienti? Le opportunità ci sono, basta individuarle e sfruttarle.

Se scoprite che un aspetto del vostro approccio di marketing è più efficace degli altri, ad esempio quando pubblicate un annuncio sui giornali, concentratevi sulla massimizzazione dell'efficacia di questo aspetto. Sfruttate questo vantaggio per ottenere nuovi clienti.

3. Sviluppare partnership di alleanza. Questa strategia è conveniente e può dare risultati rapidi alla vostra azienda. Molte di esse sono cresciute enormemente grazie ad accordi di host-recipient con aziende di diverse regioni.

4. Chiedete referenze ai vostri clienti. Le referenze producono vendite, un metodo molto efficace che molte aziende non attuano.

A un certo punto del vostro rapporto con il cliente, offritegli qualcosa di valore se segnala un collega o un amico. Forse un regalo? Forse uno sconto in denaro?

Non dovete preoccuparvi di chiedere referenze; finché saprete che i vostri clienti sono effettivamente soddisfatti dei vostri servizi, saranno più che disposti a raccomandarvi. Non è mai un problema chiedere il loro parere, perché si sentiranno onorati del fatto che apprezziate la loro opinione.

Come si fa a chiederlo? Semplice. Informateli che vi state espandendo e che potete ospitare altre aziende. Prima di fare pubblicità a nuovi consumatori, avete offerto la vostra disponibilità agli amici e ai colleghi della vostra attuale clientela a titolo di cortesia.

Quindi, date loro istruzioni di contattarvi se conoscono qualcuno che potrebbe beneficiare del vostro alto livello di servizio e della vostra attenzione personalizzata. Come gesto di apprezzamento per la loro raccomandazione, offrite loro un incentivo che dimostri la vostra stima nei loro confronti.

Organizzate un evento esclusivo di interesse per il vostro mercato di riferimento, di cui i clienti potranno immediatamente apprezzare il valore..

Indipendentemente dal tipo di attività, ci sono innumerevoli opportunità per pianificare un evento speciale che attragga nuovi consumatori.

Se l'azienda dispone di un prodotto che può essere mostrato, deve farlo. In caso contrario, è bene renderlo disponibile per la visione. Se qualcosa è sperimentabile, permettete ai potenziali clienti di provarlo.

Vi sbagliate se pensate che organizzare un evento per la vostra azienda sia impossibile. Dovete essere previdenti e sviluppare un concetto originale per promuovere la vostra azienda in un evento. Sviluppate la vostra immaginazione e create qualcosa che i potenziali clienti troveranno affascinante e prezioso.

5. Ottenere liste di contatti qualificati: Potete creare rapidamente un database di clienti e aumentare le vendite se avete accesso a potenziali clienti mirati.

Per esempio, una mia cliente è una terapista di cure naturali. Le ho chiesto di inviare un messaggio a una mailing list di "potenziali clienti" che avevano acquistato trattamenti simili nel corso dell'anno precedente. Nella lettera, li invitava a partecipare a una serata gratuita in cui avrebbero potuto provare i vari trattamenti.

Poi, a ogni partecipante è stato consegnato un buono per una seduta scontata e un trattamento gratuito di 10 minuti. I partecipanti potevano utilizzare lo sconto subito dopo la seduta gratuita, oppure fissare un appuntamento per una data successiva. I partecipanti hanno risposto positivamente e una percentuale significativa di loro è diventata cliente abituale del mio cliente.

6. Offrite ai vostri clienti diversi metodi di pagamento: Consentirà ai vostri clienti di gestire le proprie finanze permettendo loro di pagare in un numero predeterminato di settimane o mesi. Potreste prevedere un aumento della risposta a queste modalità di pagamento per i biglietti costosi. È anche un metodo per ricevere pagamenti ricorrenti.

7. Quando i consumatori spendono i loro sudati soldi, soprattutto se si tratta di somme importanti, temono di perderli, soprattutto nell'attuale contesto economico.

Pertanto, è necessario ridurre la loro preoccupazione offrendo una garanzia di rimborso.

8. Test. Test. Testate. Testate ancora. Testate ancora un po'. Inoltre, ho già parlato di test?

Molte organizzazioni eseguono le loro iniziative di marketing con la falsa impressione di sapere cosa stanno facendo, mentre non ne hanno la minima idea. Possono spendere centinaia o migliaia di sterline per il marketing, ma è difficile stabilire cosa funziona e cosa no se non monitorano e testano le conseguenze di ogni movimento.

Ogni azienda dovrebbe esaminare l'efficacia di ogni aspetto della propria campagna di marketing, compresi titoli, opuscoli, offerte speciali, scelte di pagamento e garanzie.

I test ottimizzeranno le prestazioni della vostra azienda. I clienti vi diranno se qualcosa è efficace o meno in base alla loro risposta.

Capitolo 12: Trasformare le passività in attività.

A 11 mesi dall'inizio della precedente recessione, quando è stata finalmente riconosciuta, molte aziende e individui hanno cambiato il loro obiettivo, passando dall'espansione alla sopravvivenza. Si è trattato di un cambiamento necessario, ma di gran lunga inferiore a quanto richiesto per avere successo in questi tempi difficili.

Ogni azienda e individuo avrebbe dovuto concentrarsi su riforme drastiche e radicali per garantire la propria sopravvivenza nei prossimi uno o tre anni, ridefinendo al contempo i propri modelli di business organizzativi, personali e familiari!

Sarà meglio quanto prima si abbandonerà l'ipotesi che il mondo alla fine tornerà alla (precedente) normalità. Il mondo sta subendo una profonda trasformazione, e così deve essere anche il vostro stile di vita.

A causa di individui corrotti dall'avidità, non possiamo più fare affidamento sul fatto che i nostri capi gestiscano aziende redditizie che forniscano valore a breve e a lungo termine al mercato senza prendere decisioni clamorosamente sbagliate.

Non possiamo nemmeno fare affidamento sul fatto che i nostri vicini vivano con i loro mezzi senza soccombere all'avidità e agli atteggiamenti di diritto che li costringono al pignoramento e hanno un effetto devastante sul valore dei nostri quartieri. In questa economia disordinata e instabile, non possiamo contare sul lavoro di un giorno per ottenere fondi sufficienti a sostenere i costi di uno stile di vita confortevole.

Con la perdita di posti di lavoro che continua ad aumentare all'inizio del 2009 e la disoccupazione ai massimi da 25 anni, è evidente che il mondo sta subendo un notevole sconvolgimento. Secondo dati recenti, nei primi tre mesi del 2009 sono stati persi 2 milioni di posti di lavoro e dal 2008 ne sono stati persi 5,1 milioni.

Quindi cosa dobbiamo fare?

Dobbiamo abbracciare pienamente l'alfabetizzazione finanziaria promossa dalla serie Rich Dad di Robert Kiyosaki negli ultimi dodici anni. Tuttavia, dobbiamo abbracciarla in modi nuovi. Per migliorare il nostro patrimonio, non è sufficiente giocare con i portafogli immobiliari e di investimento; l'attuale crisi economica ha danneggiato anche questi.

Non è sufficiente considerare solo il modo in cui creiamo reddito da un lato e come spendiamo il denaro dall'altro. Certo, un'attività è qualcosa che ci fa entrare soldi in tasca, mentre una passività è qualcosa che ci toglie soldi dalle tasche.

Tuttavia, non viviamo più nell'era industriale in cui attività e passività sono entità completamente distinte per il bilancio. Nell'era della conoscenza e dell'informazione, possiamo scoprire o creare molte strategie per espandere le nostre attività, limitare le nostre spese e, soprattutto, convertire le nostre passività in attività.

Si tratta di un cambiamento fondamentale, necessario per sopravvivere in tempi difficili. Anziché limitarvi a massimizzare le opportunità di guadagno e a ridurre le spese in questi tempi difficili, valutate come trasformare le spese in opportunità di guadagno.

Capitolo 13: Linee guida di vendita contrarie durante la recessione.

Quando le preoccupazioni per il deterioramento dell'economia si diffondono, la prima reazione è quella di agire. La risposta tipica delle aziende è quella di chiudersi a riccio. Il piano è quello di cadere e nascondersi fino alla fine della recessione, indipendentemente da quanto tempo ciò possa richiedere.

Le aziende che seguono l'approccio controintuitivo di mantenere la rotta in modo aggressivo e vendere di più, non di meno, scopriranno che il panorama della concorrenza è principalmente privo dei colpevoli tradizionali.

La mentalità di vendita durante una recessione è identica a quella estiva. Poiché i venditori credono che tutti siano in vacanza, non fanno telefonate. Allo stesso modo, pensano che nessuno acquisti durante la recessione e non effettuano telefonate di vendita. Quelli che telefonano guadagnano vendite.

Affinché le vendite siano resistenti alla recessione, è necessaria una mentalità controintuitiva.

I vostri pensieri potrebbero dirvi di fuggire, ma se avrete il coraggio di andare avanti in questo periodo, scoprirete di avere maggiori possibilità di generare vendite.

Ecco cinque raccomandazioni per sopravvivere a una crisi economica e forse per prosperare:

La regola delle vendite e del marketing: Una recessione è un momento in cui mettere alla prova le proprie capacità di vendita e di marketing. L'idea è di continuare con ciò che si sa essere efficace.

Investite nell'apprendimento: Chi ha conoscenze complete non ha nulla da imparare. È un momento fantastico per adottare un nuovo punto di vista durante la recessione. Come si possono apportare miglioramenti? Un servizio clienti più intelligente?

Tentate il colpo lungo: Perché non scegliere l'oro? È il momento di essere audaci e di perseguire quei grandi clienti che non avreste mai chiamato durante il boom. Non si può mai prevedere cosa potrebbe accadere. Probabilmente non ci sarà molta concorrenza.

Approfondite la ricerca: Quando i clienti prosperano e voi contribuite al loro successo, cercate altre opportunità per contribuire ancora di più. Pensate in modo creativo e divertitevi di più; sperimentate nuove idee.

Accettare il cambiamento: la maggior parte delle aziende accetta la premessa della Grande Recessione; prima di rendersene conto, il lupo è a casa della nonna! Accogliete questo momento e farete meglio del previsto durante la recessione.

Se manterrete la rotta attuale, farete ancora più strada. Durante la recessione, è preferibile distinguersi dalla massa.

Capitolo 14: Come il marketing basato sulla localizzazione può aiutare la vostra azienda a sopravvivere alla recessione.

Negli ultimi anni la recessione ha colpito in modo particolare gli esercizi commerciali e i ristoranti. Negli ultimi anni l'economia è stata estremamente difficile per le piccole imprese. Solo le aziende che sono riuscite a rimanere snelle e a conservare i propri clienti sono sopravvissute.

Il segmento dei ristoranti quick casual è un esempio di queste aziende agili. È sopravvissuto alla recessione e ha prosperato grazie all'offerta di valore per i clienti e a una strategia aziendale più fluida e compatta rispetto a quella tipica dei ristoranti casual.

Quali sono le tattiche che le aziende possono adottare per rimanere a galla in tempi di crisi economica? Il Location-Based Marketing, o "LBM", è una delle tattiche più semplici ed economiche.

Il marketing basato sulla localizzazione è un'eccellente strategia per l'acquisizione di clienti che può aiutare la vostra azienda a prosperare in questi tempi di difficoltà economica. Ci sono alcuni modi fondamentali in cui l'LBM può aiutarvi a prosperare in un periodo di recessione.

Con l'economia in crisi, gli acquirenti cercano offerte e metodi per risparmiare. Le offerte di marketing basato sulla localizzazione sono un metodo eccellente per fornire un valore reale ai vostri clienti. L'LBM vi consente di acquisire clienti durante le fasi di recessione economica, offrendo ai vostri clienti offerte speciali e sconti rilevanti. Mentre i vostri concorrenti perdono affari, voi potete guadagnarne.

In un'economia difficile, potete anche utilizzare il marketing basato sulla localizzazione per differenziare la vostra attività. Mentre i vostri concorrenti perdono consumatori di giorno in giorno, voi potete sfruttare i metodi di LBM per aumentare la fidelizzazione e fornire incentivi ai vostri clienti.

In una situazione economica difficile, mantenere i vostri consumatori principali è essenziale per la sopravvivenza. Il marketing basato sulla localizzazione è il metodo per premiare e mantenere i clienti fedeli. Il valore a vita dei consumatori affezionati tiene a galla molte aziende, soprattutto in tempi di recessione.

Le iniziative di marketing basato sulla localizzazione sono inoltre gratuite da realizzare e poco costose da mantenere, il che le rende uno strumento ideale per le aziende che cercano strategie efficaci dal punto di vista dei costi per aumentare la loro base di consumatori durante la recessione.

Capitolo 15: Valutare la strategia di marketing durante la recessione.

Poiché il marketing potrebbe essere un modo immediato per risparmiare sui costi, la reazione iniziale agli effetti della recessione sulla vostra azienda potrebbe essere quella di eliminarlo. Tuttavia, il marketing è essenziale durante una recessione. Il marketing in questo periodo può essere più critico che in altri momenti.

Non appena vi accorgete che la recessione sta colpendo la vostra azienda, o non appena leggete questo Capitolo se ne state già subendo le conseguenze, dovete valutare il vostro approccio al marketing. Non è necessario eliminarlo. Tuttavia, dovrete apportare alcune modifiche. Prendete in considerazione le seguenti domande per rivedere e modificare in meglio il vostro piano.

Comprendo i miei clienti?

Troppi imprenditori si concentrano esclusivamente sugli articoli e sui servizi che ritengono possano avere successo. Sono irrilevanti se le tendenze non si riferiscono alla vostra base di clienti. Invece di preoccuparvi di ciò che vi è stato detto che dovrebbe generare il maggior profitto, analizzate i vostri clienti.

Mantenere i clienti fedeli è uno dei modi migliori per sopravvivere a una recessione. Spendere sforzi per assicurarsi che i prodotti o i servizi offerti siano ciò che i clienti desiderano o di cui hanno bisogno potrebbe dare i suoi frutti. Questo aspetto è essenziale in qualsiasi piano di marketing, in quanto è necessario assicurarsi di offrire ai consumatori prodotti realmente commerciabili.

Sto investendo troppo o troppo poco nel marketing?

È necessario ridurre alcune aree, ma investire adeguatamente nel marketing. L'obiettivo è spendere i soldi in modo intelligente.

Sto sprecando denaro nel marketing?

Dedicate il vostro tempo a individuare la popolazione più adatta. Molti spendono una quantità considerevole di denaro in strategie di marketing a tappeto. In tempi di recessione, tuttavia, è preferibile destinare il denaro del marketing a veri clienti potenziali, quando ogni dollaro conta.

I miei prezzi sono finalizzati al profitto o alla vendita?

Desiderate guadagnare, ma dovete confrontarvi con alcune realtà. Molte persone stanno riducendo le loro spese. Per continuare a generare reddito, potreste dover cambiare i vostri prezzi. Sarebbe meglio trovare un equilibrio tra vendita di articoli e guadagno.

Valutare il vostro piano di marketing ponendovi alcune domande è semplice. Una volta ottenute le risposte a queste domande, potrete apportare le modifiche necessarie per garantire che la vostra azienda sopravviva alla crisi economica e prosperi.

Capitolo 16: Migliorare il valore del proprio lavoro durante la recessione.

In un periodo di recessione, anche le organizzazioni tradizionalmente incentrate sui dipendenti dovranno spostare la loro attenzione dalla creazione di un ambiente di lavoro eccellente alla ricerca di modi per ridurre i budget rimanendo competitivi sul mercato e attirando consumatori che altrimenti spenderebbero i loro soldi altrove. Questa sarà la loro massima priorità!

Poiché risparmiare denaro continuando a guadagnare sarà essenziale per la sopravvivenza dell'azienda (e poiché può essere così difficile da fare in un'economia che prospera sull'idea che si debba spendere denaro per guadagnare denaro), qualsiasi dipendente che possa aiutarli a raggiungere questo obiettivo diventerà immediatamente uno dei beni più preziosi dell'azienda.

I dipendenti che possono aiutare un'azienda a progredire mantenendo la redditività saranno estremamente preziosi agli occhi dei dirigenti aziendali. Potete star certi che queste persone non cercheranno lavoro! In un periodo di recessione non si eliminano le attività che generano un rendimento tangibile.

Non vi vengono in mente modi creativi per aiutare la vostra azienda a ridurre le spese? Ecco alcuni suggerimenti per iniziare:

Ridurre il numero di materiali d'ufficio. Non ci si può stupire di quanto un posto di lavoro medio spenda ogni mese per matite, carta e cartelline.

Trovate una strategia per ridurre i costi di produzione senza sacrificare la qualità.

Se riuscite a trovare una tecnica per ridurre i costi di spedizione dei vostri articoli, diventerete subito un eroe della vostra attività! L'aumento del prezzo del petrolio (e di conseguenza della benzina) ha portato a un ridicolo aumento dei costi di trasporto delle merci, che a sua volta ha costretto le aziende ad aumentare il prezzo dei loro prodotti, il che a sua volta sta portando alla perdita di affari in un'economia stagnante, poiché i clienti si lamentano dell'aumento dei prezzi e portano i loro affari altrove.

Nuove agevolazioni per i dipendenti Le aziende che non offrono agevolazioni ai propri dipendenti di solito non li trattengono a lungo. Anche le aziende più menefreghiste in genere organizzano una festa di Natale o un altro evento annuale per i dipendenti che mandano avanti l'azienda e una fornitura regolare di incentivi durante l'anno per aumentare il morale e promuovere una maggiore produttività.

Se riuscite a creare un flusso regolare di incentivi per i dipendenti (e i clienti) che richiedano all'azienda di spendere meno soldi di tasca propria, sarete sulla buona strada per diventare un membro indispensabile del team.

Capitolo 17: Utilizzate la forza dei servizi SEO.

La recessione economica ha colpito molti settori, provocando una massiccia disoccupazione, ristrutturazioni aziendali per promuovere il multitasking in molte divisioni, perdite significative sugli investimenti e molti altri fattori che possono portare alla chiusura o addirittura al fallimento di un'azienda.

Molte aziende sono ricorse a misure di riduzione dei costi che hanno interessato vari reparti essenziali, tra cui il reparto marketing. Come si può avere successo in un settore competitivo se si dispone di un budget limitato per il marketing e la pubblicità?

È possibile sostenere e far crescere l'azienda durante una recessione? Questo è possibile grazie all'utilizzo dei servizi SEO.

Perché Internet? Gli imprenditori sono abituati alle forme tradizionali di pubblicità, come la televisione, la radio e la stampa.

Tuttavia, a causa dell'attuale recessione, i finanziamenti per le promozioni trimediali sono stati ridotti, il che potrebbe danneggiare le attività di marketing dell'azienda. In risposta, un'azienda può utilizzare Internet per generare profitti al di là della posta elettronica e della semplice navigazione sul web.

Internet è un mezzo che può far conoscere l'azienda a un pubblico globale. Paragonabile al trimedia, che si rivolge a un pubblico di massa senza affrontare le caratteristiche demografiche, il marketing su Internet può ottenere una presenza di mercato più sostanziale attraverso il marketing di nicchia o la risposta effettiva del pubblico diretto del prodotto.

I servizi SEO sono un tipo di marketing online che può essere utilizzato in risposta alla diminuzione dei budget pubblicitari causata dalla recessione. L'ottimizzazione per i motori di ricerca è un metodo per aumentare il traffico del sito web attraverso i risultati della ricerca organica; la ricerca organica è il processo di attrazione dei visitatori del sito web attraverso le pagine dei risultati dei motori di ricerca. I motori di ricerca includono Google e Yahoo.

Questa attività attira persone che possono acquistare prodotti o servizi, trasformando la loro visita in un profitto. Anche se questo non può garantire un profitto effettivo, i servizi SEO possono generare un ritorno sull'investimento, che è essenziale nell'attuale clima economico.

Nella scelta di un fornitore di servizi SEO, alcune variabili includono la conoscenza della nicchia di mercato a cui ci si rivolge, l'onestà, l'affidabilità e l'etica del lavoro.

Alcuni potrebbero contestare l'utilità dell'etica del lavoro sul web. Tuttavia, dal momento che interagiamo direttamente con gli utenti finali del prodotto, è essenziale mantenere la stessa brand equity e lo stesso rilievo dei tri-media. Questo vale anche per le tattiche di promozione online utilizzate per il sito web.

Le strategie SEO white hat si sono dimostrate più sicure e produttive nel lungo periodo rispetto alle tecniche SEO black hat, che possono far sì che un sito web venga contrassegnato come spam e riceva una penalizzazione dai motori di ricerca.

La recessione è caratterizzata da disoccupazione, scarsa redditività, riallocazione dei fondi, ecc. Tuttavia, gli sforzi di marketing non devono essere sacrificati. I servizi SEO sono un'opzione eccellente per stabilire una presenza sul web e con i consumatori.

Capitolo 18: Alternative ai tagli e al ritiro durante la recessione in corso.

L'istinto dei dirigenti aziendali durante una recessione è quello di ridurre il personale e i programmi e di riorganizzarsi. Esempi quotidiani sono le banche, le aziende tecnologiche, le imprese edili, i commercianti e persino i cosiddetti settori in crescita come la sanità e la sostenibilità. Molte medie e piccole imprese non fanno mai notizia. Nell'attuale fase di recessione economica, esistono alternative alle riduzioni e ai tagli.

Strategia.

Un piano strategico completo è il fondamento del successo sia nei momenti positivi che in quelli negativi. Esaminate la strategia della vostra azienda. Ha senso? Può essere attuata? È eccessivamente idealistica? In che modo affronta i mercati e le competenze chiave dell'azienda?

Esecuzione.

Senza esecuzione, anche i migliori piani strategici e aziendali non sono nulla. Disponete di metriche o misure per valutare il successo rispetto agli obiettivi finanziari e operativi? Quali hanno successo e quali no? Perché? Chi è responsabile? E cosa si sta facendo per ridurre i deficit di performance?

Clienti.

Durante la crisi economica, le aziende di tutte le dimensioni sembrano pronte a mettere i clienti, che pagano le bollette, all'ultimo posto. No! È il momento di rivalutare gli sforzi della vostra azienda per la soddisfazione dei clienti. I vostri clienti hanno delle opzioni, indipendentemente dal settore, dal prodotto o dal servizio. Adottate le azioni necessarie per rendere la vostra azienda la loro PRIMA opzione. Chiedete loro come vi state comportando e cosa si può fare per migliorare.

Costo.

Le aziende sono pronte a ridurre le spese e il personale quando l'economia è debole. Si tratta di un'operazione così semplice che potrebbe essere realizzata anche da un bambino con un chiosco di limonate, ma spesso NON è la risposta corretta. Esaminate dove vengono inizialmente impiegate le risorse.

Mantenete bassi i costi generali. La maggior parte delle risorse dovrebbe essere dedicata alla generazione di reddito e alla soddisfazione dei clienti. Se è necessario ridistribuire e riqualificare le risorse, bisogna farlo. In secondo luogo, prima di licenziare i dipendenti si dovrebbero licenziare appaltatori e consulenti, e il compito dovrebbe essere svolto internamente.

Inoltre, si dovrebbero ridurre per primi gli stipendi e i bonus dei vertici dell'organizzazione. Le riduzioni più significative dovrebbero essere effettuate tra i dirigenti di grado più elevato dell'azienda, non tra gli impiegati e i rappresentanti di vendita a contatto con i clienti.

Infine, sollecitate il feedback; i dipendenti al piano e nel back-office di solito sanno dove si trovano le maggiori opportunità di efficienza REALE. Chiedete il loro contributo, mettete in pratica i loro suggerimenti e riconoscete i loro contributi.

Velocità.

Mi stupisce leggere della rapida mobilitazione delle risorse sul fronte interno americano durante la Seconda Guerra Mondiale. In tempi sorprendentemente brevi, le fabbriche passarono dalla produzione di automobili e frigoriferi alla produzione di carri armati e aerei in grandi quantità. Questo avveniva prima dei computer, come li conosciamo oggi. Allora perché oggi tutto (tranne probabilmente Internet) richiede così tanto tempo?

Esaminate i tempi richiesti dalla vostra organizzazione e riduceteli del 25-50%, mantenendo o migliorando la qualità. Anziché in mesi, il tempo necessario per sviluppare nuovi prodotti e servizi viene talvolta misurato in anni. È fattibile, e questo è un vantaggio competitivo.

L'innovazione.

Il momento migliore per l'innovazione e l'assunzione di rischi è quando l'economia è in difficoltà. Quando i tempi sono magri, è naturale che le aziende di tutte le dimensioni corrano meno rischi. Ciò comprende concetti unici di prodotti, servizi, marketing e operazioni commerciali.

A differenza della maggior parte delle organizzazioni, quelle che corrono dei rischi e promuovono l'innovazione si distinguono dalla concorrenza. Inoltre, l'innovazione dovrebbe riguardare tutti i settori dell'azienda, non solo la ricerca e lo sviluppo o il marketing.

Un declino, una recessione o un'economia debole inducono paura nella maggior parte dei professionisti aziendali a tutti i livelli. Anche quando il denaro è più scarso e le opportunità di mercato diminuiscono, ci sono vincitori e vinti sia nelle economie sane che in quelle deboli.

Concentrandosi su strategia, esecuzione, clienti, costi e spese, velocità e innovazione, qualsiasi azienda, indipendentemente dalle dimensioni, dal mercato o dal settore, può uscire vittoriosa dall'attuale recessione economica.

Conclusione.

L'attuale clima economico è cupo sia per i privati che per le aziende. Le persone stanno stringendo la cinghia dal momento che l'economia continua a soffrire. Un tempo considerata un'anomalia, la frugalità è ora indossata come un distintivo d'onore.

La frase "il contante è il re" è più che corretta. Mantenere un flusso di cassa sufficiente per l'azienda è diventato necessario durante l'attuale recessione economica, soprattutto a causa della riduzione del mercato del credito.

È possibile per le aziende sopravvivere durante una recessione, come dimostrano i successi passati di Google, IBM, PayPal e FedEx. Anche se la vostra azienda non è paragonabile alla loro, ci sono alcune cose che potete fare, come hanno fatto loro, per migliorare la vostra attività. Potete adottare ulteriori misure per garantire che la vostra azienda non si limiti a sopravvivere all'attuale crisi economica. Ecco alcuni esempi:

Offrire un'assistenza clienti a cinque stelle. Anche in tempi di difficoltà economica, le aziende si rifiutano di ridurre il servizio clienti. Il servizio clienti è la "prima linea" della vostra difesa: un servizio clienti eccellente si traduce in consumatori soddisfatti. I clienti che sono contenti di spendere soldi generano fatturato. Inoltre, un eccellente servizio clienti può distinguervi dalla concorrenza, cosa che in questi tempi è essenziale.

Sebbene sia un momento perfetto per esaminare l'efficacia dei vostri canali di marketing e determinare chi sono i vostri clienti chiave, la riduzione del budget di marketing vi pone in una posizione di svantaggio. Molti concorrenti concentreranno i loro sforzi, motivandoli a promuovere la vostra azienda in modo aggressivo.

Rinegoziare locazioni e contratti. È il momento ideale per esaminare i contratti di servizio, gli accordi con i fornitori e il contratto di locazione. Se siete impegnati in un contratto di locazione a lungo termine, negoziate una riduzione dell'affitto con il vostro locatore. Questa soluzione è efficace se il locatore desidera mantenere alti i tassi di occupazione e sa che avete altre opzioni.

Una rinegoziazione del contratto di locazione può spesso portare a una riduzione del 5-50%. Anche i fornitori possono essere disposti a rinegoziare i contratti. La maggior parte delle aziende riconosce che avere qualche affare è preferibile a non averne. Inoltre, chiedere non fa mai male.

Continuate a sviluppare articoli e servizi che siano interessanti per la vostra clientela. Le aziende di successo sono quelle che continuano a innovare. Si può pensare che questo sia piuttosto difficile nel nostro settore, dato che si può reinventare la ruota solo un numero limitato di volte.

In questo scenario, tuttavia, l'innovazione non implica necessariamente la creazione di nuovi prodotti o servizi. Si tratta di sviluppare soluzioni inventive per soddisfare la domanda attuale o per rispondere a un'esigenza o a un problema del cliente.

Potrebbe comportare la collaborazione con altre persone per nuovi progetti o addirittura dare una mano a un fornitore, aumentando la vostra leva negoziale. In poche parole, siate fantasiosi e non limitate le possibilità.\

Competenze gestionali per manager.

1. Gestione del tempo per manager
2. Coaching dei dipendenti per dirigenti
3. Team building per manager
4. Fiducia in se stessi per dirigenti
5. Abilità di negoziazione per manager
6. Abilità di servizio al cliente per manager
7. Assertività per manager
8. Galateo commerciale per manager
9. Capacità di ascolto per manager
10. Abilità di leadership per manager
11. Abilità comunicative per manager
12. Abilità di presentazione per manager
13. Gestione dello stress per manager
14. Processo decisionale per manager
15. Gestione dei conflitti per manager.

Serie: Libertà finanziaria a qualsiasi età.

- Raggiungere la libertà finanziaria a 20 anni
- Raggiungere la libertà finanziaria a 30 anni
- Raggiungere la libertà finanziaria a 40 anni
- Raggiungere la libertà finanziaria a 50 anni
- Raggiungere la libertà finanziaria a 60 anni
- Raggiungere la libertà finanziaria a 70 anni e oltre.
- Raggiungere la libertà finanziaria nei bambini
- Raggiungere la libertà finanziaria negli adolescenti
- Raggiungere la libertà finanziaria negli studenti universitari.
- Truffe finanziarie da cui stare attenti in pensione.

Serie: Finanza personale per voi.
- ➢ Comprare e vendere criptovalute per principianti
- ➢ Perché investire in azioni a dividendo ha senso.

Serie: Ricchezza 2022.

1. Imprenditorialità online.
2. Avviare un'attività in proprio
3. Gestione del patrimonio
4. Reddito passivo.
5. 12 passi per avviare un'attività in proprio.

Serie: Servizio clienti eccellente.

1. Eccellente servizio clienti nella vendita al dettaglio
2. Servizio clienti eccellente nei fast food
3. Servizio clienti eccellente in un ristorante a servizio completo
4. Servizio clienti eccellente nell'insegnamento.
5. Servizio clienti eccellente nel settore immobiliare
6. Servizio clienti eccellente in un call center
7. Servizio clienti eccellente come receptionist
8. Servizio clienti eccellente in un hotel
9. Servizio clienti eccellente nella vendita
10. Servizio clienti eccellente in qualsiasi situazione.

11. Servizio clienti eccellente nello studio dentistico
12. Servizio clienti eccellente in uno studio medico.

Serie: Soldi veloci.

- Soldi veloci in una settimana
- Soldi veloci in un weekend
- Soldi veloci in un mese
- Soldi veloci per studenti.

Serie: Come promuovere.

- Come far prosperare la vostra attività durante la recessione
- Come promuovere il vostro ricettario
- Come promuovere il libro per bambini.

Biografia dell'autore

D.K. Hawkins. A D.K. piace leggere libri di economia personale e passare il tempo all'aria aperta. Altri libri verranno aggiunti a questa raccolta, quindi vi invitiamo a seguirci su Amazon per altri libri.

Grazie per aver acquistato questo libro.

Lo apprezzo sinceramente e apprezzo lei, il mio eccellente cliente.

Dio vi benedica.

D.K. Hawkins.